AF369966

VENTE

DES LUNDI 30 ET MARDI 31 MARS

Salle Silvestre n° 3

28, RUE DES BONS-ENFANTS, 28

à huit heures précises du soir

LIVRES DE LITTÉRATURE

EN BONNE CONDITION

Composant la Bibliothèque

de Feu M. L...

Par le ministère	Assisté de
de M᷎ PETIT	M. Honoré CHAMPION
Commissaire priseur	*Libraire-expert*
25, rue Coquillière, 25	5, quai Malaquais, 5

PARIS

1908

CONDITIONS DE LA VENTE

La vente sera faite au comptant.
Les acquéreurs payeront 10 p. 100 en sus des enchères.

On vendra **DE TRÈS BONS LOTS EN BONNE CONDITION, D'OUVRAGES DIVERS** (auteurs classiques et contemporains, littérature, beaux-arts, histoire, voyages), à la suite du catalogue, et à la vacation du **31 mars**.

VENTE

des 30 et 31 Mars 1908 (**salle Silvestre, n° 3**)

28, RUE DES BONS-ENFANTS, 28

1. **About** (Ed.). Théâtre impossible, 1862. — Lettre d'un bon jeune homme, 1861. — Les mariages de *Paris*, 1857. — Le Roi des montagnes, 1857, etc. Ens. 12 vol. in-12, dem. rel. chag.

2. **Almanach** dédié aux dames pour l'année 1830, in-12, fig. Musique notée.
   Charmant cartonnage recouvert de soie polychromée, dans un carton.

3. **Anthologie** française, ou chansons choisies depuis le XIIIe siècle jusqu'à présent. *Paris*, 1765, 3 vol. in-8 demi-rel. mar. tête dor. front. gravés. Musique notée.

4. **Aristophanes**, curante Jo.-Fr. Boissonnade. *Paris, Lefèvre.* 1826. 4 vol. in 16, rel. romantique très fraîche, tr. dor.
   Très jolie reliure.

5. **Armengaud.** Les galeries royales d'Angleterre. *Paris*, 1866, in-fol., demi-rel. mar. bleu, tête dor. — Nombreuses pl.

6. **Augier** (Émile). Théâtre complet. *Paris*, 1876-78, 7 vol. in-12, demi-rel. chag.

7. **Aumale** (duc d'). Histoire des princes de Condé pendant les XVIe et XVIIe siècles. *Paris*, 1863 1886, 5 vol. in-8, br.
   Cartes et portraits gravés.

8. **Babeau** (Albert). La vie militaire sous l'ancien régime. *Paris*, 1889, in-8, br. — Les Bourgeois d'autrefois. *Paris*, 1886, in-8. — La Ville sous l'ancien régime.

Paris, 1884, 2 vol. in-8, br. — La vie rurale dans l'ancienne France, *Paris*, 1885, in-8, br. — Le Village sous l'ancien régime, *Paris*, 1879. Ens. 6 vol. in-8, br.

9. **Balzac** (H. de). Œuvres complètes. *Paris, Michel Lévy,* 1865, 22 vol. in-12, demi-rel. veau f.

10. **Auteurs comiques** et auteurs tragiques, chefs-d'œuvre, *Paris, Didot,* 1859, 10 vol. in-8, demi-rel. chag. tr. jasp.

11 **Barante** (de). Histoire des ducs de Bourgogne de la maison de Valois (1364-1477), *Paris*, 1854, 12 vol. in-8, demi-rel. chag. planches et cartes.

12. **Barbey d'Aurevilly** (J). Un prêtre marié. — Chevalier des Touches. — Du dandysme. — L'Ensorcelée. *Paris, Lemerre,* 5 vol. in-12, demi-rel. chag. br. jans. tête dor. non rog. portr.

13. **Bayard**. Histoire du Gentil Seigneur de Bayard par le loyal serviteur, texte rapproché du français moderne par Lorédan-Larchey. *Paris*, 1882. gr. in-8, demi-rel. chag. bleu, coins, tête dor., non rog. Nombreuses illustrations., pl. en couleurs.

14. **Bazin** (H.). Une vieille cité de France : Reims, monuments et histoire. *Reims,* 1900, in-4. br. — Nombreuses planches.

15. **Blanc** (Louis). Histoire de la Révolution française. *Paris*, 1847-1862. 12 vol. in-8, dem.-rel. bas.

16. **Bonnetain** (Paul). L'Extrême-Orient. *Paris, Quantin.* s. d. in-4, demi-rel. mar., tête dor., non rog. Nombreuses planches.

17. **Bourget** (Paul). Psychologie contemporaine, 1883. — Mensonges, 1887. — L'irréparable. 1884. — Un crime d'amour, 1886. — André Cornilis, 1887. *Paris, Lemerre.* Ens. 6 vol., in-8, demi-rel. chag.

18. **Bonvalot** (Gabriel). Du Caucase aux Indes à travers le

Pamir. *Paris, Plon*, 1889, gr. in-8, demi-rel. chag.,
coins, filets, dos orné, tête dor. non rog. — Nombreuses illust.

19. **Bernardin de Saint-Pierre**. Paul et Virginie, préface
de J. Janin. *Paris*, 1875, in-12, rel. mar. bleu, dent.,
filets, fleurons dos orné, tête dorée. — Dessin de Gia-
comelli, eaux fortes de Flameng.

20. **Bida**. Les Saints Évangiles illustrés. *Paris, Hachette*,
1873, 2 vol. in-fol. en feuilles dans des cartons.

21. **Breton** (Ernest). Athènes décrite et dessinée et suivie
d'un voyage dans le Péloponèse. *Paris*, 1862, 1 vol.
gr. in-8, demi-rel. chag., coins, filets, tr. jasp. —
Nombreuses planches.

22. **Breton** (Ernest). Pompeia, suivie d'une notice sur Her-
culanum. *Paris*, 1855, in-8, demi-rel. chag. — Nombreuses planches.

23. **Cantu** (César). Histoire universelle. *Paris, Didot*, 1880.
20 vol. in-8, demi-rel. chag. rouge, tr. dor. non rog.

24. **Carlyle** (Th.). Histoire de la Révolution française,
traduit de l'anglais par G. Regnault et Barot. *Paris*,
1865-67, 3 vol. in-12, br.

25. **Castillo**. Véridique histoire de la conquête de la nou-
velle Espagne, traduite par J.-M. de Hérédia. *Paris*,
Lemerre, 1877-87, 4 vol. in-12, demi-rel., mar. rouge,
coins, tête dor., non rog.

26. **Chevigné** (Comte de). Les Contes rémois. *Paris*, 1868,
in-8, demi-rel. mar., jans tête dor.
Dessins de Meissonier et *envoi autogr. de l'auteur au docteur
Charvet*.

27. **Ciceron**. Les offices. — *Paris*, 1666, in-12. Rel. veau
ant. Semis de fleurs de lis, dent.
Dans un médaillon, formé par une couronne d'épine, les mots
Jesus Maria.

28. **Chateaubriand**. OEuvres diverses : Les Martyrs, Génie

du Christianisme. — Voyage en Amérique — Itiné-
raire. — Études historiques. — Mélanges. *Paris*, 1838.
6 vol. in-8, demi-rel. chag., pl. Mémoires d'Outre-
Tombe. *Paris*, s. d., 6 vol. demi-rel. chag. Ens. 12 vol.

29. **Cherville** (G. de). Les Chiens et les Chats d'Eugène
Lambert. *Paris*, 1888, in-4, cart. de l'éditeur, tête dor.
— Eaux fortes et 145 dessins d'Eugène Lambert.

30. **Collection des chefs-d'œuvre littéraires** du XVIIe siècle.
Boileau. — Corneille. *Paris*, *Didot*, 1879-83, 3 vol.
in-8, dem.-rel. veau fauve, dos orné.

31. **Collection des classiques français**. *Paris*, *Dufour*,
1828, 2 vol. in-8, rel. v. — (*Édition microscopique*).

32. **Coppée** (François). Poésies, 1864-1878. *Paris*, *Lemerre*,
s. d. 4 vol. in-12. — Vingt contes nouveaux. Théâtre.
Paris, *Lemerre*, 4 vol. in-12. — Ensemble, 8 vol.
dem.-rel. chag. tête dor.

33. **Curtius** (Ernest). Histoire grecque, traduite sous la
direction de A. Bouché-Leclerq. *Paris*, 1883, 5 vol.
in-8, br.

34. **Dante**. L'Enfer avec les dessins de Gustave Doré.
Paris, *Hachette*, 1862, in-fol. dem.-rel. chag. r. tête
dor. non rog.

35. **Desnoiresterres** (G.) Les Cours galantes. *Paris*, *Dentu*,
1863, 4 vol. in-12, cart.

36. **Droz** (G.). Monsieur, Madame et Bébé, *Paris*, *Havard*,
1878, gr. in-8, dem.-rel. chag., coins, tête dorée. —
Édition illustrée.

37. **Dumas fils**. Théâtre complet. *Paris*, 1875, 6 vol. in-12,
dem.-rel. chag.

38. **Duruy** (Victor). Histoire des Romains. *Paris*, *Hachette*,
1879, 7 vol. gr. in-8, dem.-rel. mar. vert. Nombreuses
cartes, gravures et pl. en couleurs. — Histoire des

Grecs. *Paris, Hachette,* 1887, 3 vol. **gr.** in-8. dem.-rel.
chag., tête dor. — Nombreuses illustrations. Ens.
10 vol.

39. **Du Camp** (Maxime). Les Convulsions de Paris, *Paris,*
1883, 4 vol. in-8, dem.-rel. chag. bleu, tête dor.

40. **Fénelon.** Aventures de Télémaque. *Paris, De Bure,*
1823, 2 vol. in-16, rel. romantique.

41. **Feuillet** (Octave). Histoire de Sybille, 1864. — Julia
de Trécœur, 1872. — Journal d'une femme, 1878. —
Ens. 3 vol. in-8, dem.-rel. chag.

42. **Flaubert** (G.). L'Éducation sentimentale, *Paris, Lemerre,* 1884, 2 vol. in-12, dem.-rel. mar. jans. coins,
tête dor. non rog.

43. **Forneron** (H.). Les ducs de Guise et leur époque. *Paris,*
1877, 2 vol. in-8. — Histoire de Philippe II. *Paris,*
1881, 4 vol. in-8, br. — Ensemble 6 vol.

44. **Francisque-Michel.** La chanson de Roland et le roman
de Roncevaux des xii⁰ et xiii⁰ siècles. *Paris,* 1869 in-8,
br.

45. **Franck** (Ad.). La Kabbale ou la philosophie religieuse
des Hébreux. *Paris,* 1889, in-8, dem.-rel. mar. tête
dor.

46. **Freund** (Guil.) Grand Dictionnaire de la langue latine,
traduit en français par N. Theil. *Paris, Didot,* 1882,
3 vol. in-4, dem.-rel. chag.

47. **Galland.** Les Mille et une Nuits. *Paris,* 1881. 10 vol.
in-8, pap. vergé dem.-rel. mar. br., coins, fil., dos
orné, tête dor. non rog. — Eaux-fortes de Lalauze.

48. **Gautier** (Théophile). Voyage en Espagne. *Paris, La-
place,* s. d. gr. in-8 dem.-rel. mar. bleu coins, tête
dor. non rog. — Édition illustrée. — Romans et
contes, 1863. — Voyage en Espagne, 1870. — Constantinople, 1873. — Le roman de la momie, 1876.

4 vol. in-8 dem.-rel. chag. — Mademoiselle de Maupin. Mademoiselle Dafné. — Fortunio. 4 vol. in-12 dem.-rel. chag. tête dor. Ens. 8 vol.

49. **George Sand**. Le Meunier d'Angibault, 1862. — La famille de Germandre, 1862. — Les Beaux Messieurs de Bois-Doré. — Compagnon du tour de France, 1861. — Pendant la guerre, 1871. Ens. 7 vol. in-12 dem. rel. chag.

50. **Gerson**. De l'Imitation de Jésus-Christ, traduite d'après un ms. de 1440 par l'abbé Delaunay. *Paris, Tross,* 1869, 1 vol. in-8 cart. encadr. à toutes les pages d'après les incunables.

51. **Gheusi et Lavigne**. Gaucher Myrian. Vie aventureuse d'un escholier feodal au xiiie siècle. *Paris, Didot,* 1893, gr. in-8 dem. rel. veau. — Nombreuses gravures.

52. **Goncourt** (Ed. et J. de). Sophie Arnould d'après sa correspondance et ses mémoires inédits. *Paris, Dentu,* 1877, in-12 br. — Encadrements gravés par Méaulle ; portrait gravé par Flameng et fac similé d'une lettre de Sophie Arnould.

53. **Guéranger** (Dom.). Sainte Cécile et la Société romaine aux deux premiers siècles. *Paris, Didot,* 1877, in-4, planches, dem.-rel. chag. rouge, coins, tête dor. non rog.

54. **Guizot**. Œuvres. *Paris, Didier,* 1853 et suiv. Portraits politiques. — Gouvernement représentatif. — Histoire de Charles Ier. — Corneille et son temps. — Civilisation en France. — Essais sur l'histoire de France. — Héloïse et Abailard, etc. Ens. 22 vol. in-8 dem.-rel. chag. dos orné.

55. **Havard** (Henry). Dictionnaire de l'ameublement et de la décoration. Depuis le xiiie siècle jusqu'à nos jours. *Paris, Quantin,* s. d., 4 vol. in-4, planches dem.-rel. chag. coins filets, dos orné, tête jasp. non rog.

56. **Heures de la Vierge.** *Paris, Lefuel,* s. d., [1816] rel. de l'époque, très fraîche.

57. **Histoire amoureuse des Gaules,** in-16. Rel. veau, filets, fleurons (*aux armes du Comte de Lagondie*).

58. **Houssaye** (Arsène). Histoire du 41e fauteuil de l'Académie française. *Paris,* 1882, 1 vol. in-8 br. — Édition de bibliophile tirée sur hollande et illustrée de 20 portraits à l'eau forte avant la lettre.

59. **Hugo** (Victor). OEuvres complètes. *Paris, Hachette,* 1862-64, 20 vol. in-12 dem.-rel. chagr. — Notre-Dame de Paris. *Paris,* s. d., 2 vol. in-12 dem.-rel. mar. vert, coins tête dor. fig. — Odes, *Paris,* 1890, in-16. — Les Orientales, les feuilles d'automne, *Paris,* 1889, in-16 dem.-rel. chag. tête dor., fig. Ens. 24 vol.

60. **Hume** (David). Histoire d'Angleterre. *Paris, Furne,* 1839-40, 13 vol. in-8 rel. veau marb. tr. marb. figures.

61. **Janin** (Jules). La Normandie. *Paris, Bourdin,* 1844, gr. in-8 dem.-rel. mar. vert, coins, non rogné. Nombreuses gravures. — La Bretagne. *Paris, Bourdin,* 1844, gr. in-8 dem. rel. mar. vert, coins, non rogné. (*Couvertures conservées*). Ens. 2 vol.

62. **Joinville.** Histoire de Saint Louis, texte rapproché du français moderne par Maillard de la Couture. — *Lille,* s. d. in-8 dem.-rel. mar. bleu, dos orné, tr. jasp.

63. **Lacroix** (Paul). Mœurs, usages et coutumes au Moyen âge et à l'époque de la Renaissance. *Paris, Didot,* 1872, gr. in-8. Cart. de l'éditeur, tr. dor. — Nombreuses illustrations.

64. **Lacroix** (Paul). Louis XII et Anne de Bretagne. *Paris, Hurtrel,* 1883, gr. in-8, demi-rel. mar. coins, tête dor. non rogné. — Nombreuses illustrations et pl. en couleur.

65. **La Fayette** (Mme de). Henriette d'Angleterre. *Paris,*

1882, in-8, br. pap. de Hollande. Portrait gravé. Préface par Anatole France.

66. **Lafenestre** (G.). La vie et l'œuvre du Titien. *Paris, Quantin*, s. d., in-fol. cart. Planches.

67. **La Fontaine**. Fables, illustrations par Grandville. *Paris*, 1859, 1 vol. gr. in-8, demi-rel. chag. rouge, tête dor., non rogné.

68. **Lallemand** (Ch.). D'Alger à Constantinople, Jérusalem, Damas. *Paris*, s. d., in-4, br. — Nombreuses planches.

69. **Lamartine**. Méditations poétiques. *Paris*, 1883, in-12 tr. dor.
Très jolie reliure romantique.

70. **Lamennais**. Esquisse d'une philosophie. — Œuvres posthumes. — Correspondance. *Paris*. 8 vol. in-8, demi-rel. chag. — Essai sur l'indifférence. — L'Enfer. — Le Purgatoire. — Les Évangiles. — Paroles d'un croyant. — Affaire de Rome. *Paris*, 1858-1863. 9 vol. in-8, demi-rel. chag. Ens. 17 vol.

71. **Lanfrey** (P.). Histoire de Napoléon. *Paris*, 1875, 5 vol. in-12, demi-rel. mar. vert, coins, fil., tête dor.

72. **Leconte de Lisle**. Poèmes. *Paris, Lemerre*, 1878, 3 vol. in-12, demi-rel. mar. coins, tête dor.
Poèmes antiques, barbares, tragiques.

73. **Leroy-Beaulieu** (Anatole). L'Empire des Tsars et les Russes. *Paris, Hachette*, 1881, 2 vol. in-8, demi-rel. veau fauve, dos orné.

74. **Le Sage**. Œuvres. *Paris, Lemerre*, 1877, 4 vol. in-12, fig., demi-rel. mar. rouge, coins, tête dor.

75. **Littré**. Dictionnaire de la langue française. *Paris, Hachette*, 1863-77 avec suppl. 5 vol. in-4, demi-rel. chag. rouge.

76. **Livre** (le) de la ferme et des maisons de campagne, publié sous la direction de P. Joigneaux. *Paris*, 1866, 2 vol. gr. in-8 à deux col., fig., demi-rel. chag.

77. **Livre** (le) du centenaire du *Journal des débats*, 1789-1889. *Paris*, 1889, in-4, br. — Nombreuses planches, portraits et fac-similés.

78. **Loth** (Arthur). Saint Vincent de Paul et sa mission sociale. *Paris, Dumoulin*, 1880, in-4, demi-rel. chag. rouge, coins, tête dor. non rogné. — Nombreuses planches dont plusieurs en couleurs.

79. **Lorédan-Larchey**. Dictionnaire historique d'argot. *Paris, Dentu*, 1878, in-8, demi-rel. chag. coins, fil., tête dor. non rog.

80. **Macaulay** (T.-B.). Histoire du règne de Guillaume III, 4 vol. — Histoire d'Angleterre, 2 vol. — Œuvres diverses, 2 vol. *Paris*, 1860-62. Ens. 8 vol. in-8, demi-rel. chag.

81. **Martin** (Henri). Histoire de France depuis les temps les plus reculés jusqu'en 1789. *Paris, Furne*, 1860. 17 vol. in-8, demi-rel. chag. rouge, tête jasp.

82. **Masson** (Frédéric). L'Impératrice Marie-Louise *Paris, Goupil*, 1902, in-4 br. — Planches imprimées en camaïeux divers, frontispice en couleurs.

83. **Maupassant** (G. de). La Vie errante, 1890. — Fort comme la mort, 1889. — Pierre et Jean, 1888. — Des vers, 1880. — Notre Cœur, 1890. 5 vol. in-8, demi-rel. chag., tête dorée non rog. — Les sœurs Rondoli, 1884. — Miss Harriet, 1884. — Le Rosier de Madame Husson, 1888. 3 vol. in-8, demi-rel. chag. — La maison Tellier, 1881. — Une vie, 1883. 2 vol. in-8, demi-rel. vel., tr. jas.

84. **Marivaux**. Théâtre. *Paris*, 1876, in-12, rel. mar. bleu dent., tr. dor., portr. — Exemplaire sur chine.

85. **Martha** (Jules). L'art étrusque. *Paris, Didot*, 1889, in-4, cart. de l'éditeur. tête dorée non rogné. — Nombreuses planches dont 4 en couleurs.

86. **Maynard** (abbé U.). La Sainte Vierge. *Paris*, 1877. — Nombreuses illustrations dont 4 en couleurs, gr. in-8. Rel. de l'éditeur, tr. dorées.

87. **Mémoires de Madame de Motteville** sur Anne d'Autriche et la Cour. *Paris*, 1855, 4 vol. in-12, demi-rel., veau f., dos orné, tête dor.

88. **Michelet** (J.). Histoire de la Révolution française. *Paris*, 1876, 6 vol. in-8, br. — Histoire de France. *Paris*, 1861-1867, 17 vol. in-8, demi-rel.. chag., tr. jasp. Ens· 23 vol. in-8.

89. **Mielot** (Jean). Vie de sainte Catherine d'Alexandrie, rapproché du français moderne par Marius Sepet. *Paris, Hurtrel*, 1881, gr. in-8, demi-rel. chag., dos orné plats toile, tr. dor. — Nombreuses reproductions de miniatures, dont. plusieurs en couleurs, encadrements à toutes les pages.

90. **Molière**. Trente-six gravures sur cuivre pour les œuvres de Molière, par Moreau le Jeune, réimprimées sur les planches originales. Épreuves sur chine, demi-rel., chag. bleu.

91. **Montalembert** (de). Les Moines d'Occident. *Paris*, 1860, 7 vol. in-8, demi-rel., chag., dos orné. — Sainte Elisabeth de Hongrie. *Tours, Mame*, 1888, gr. in-8, demi-mar. bleu, tête dor., non rogné, pap. vergé. — Nombreuses illustrations. Ens. 8 vol.

92. **Montrosier** (Eugène). Les chefs-d'œuvre d'art au Luxembourg, avec le concours littéraire de MM. Allard, Th. de Banville, Daniel Bernard, Champfleury, Claretie, etc., etc. *Paris*, 1861, in-fol., cart., tête dorée. — Nombreuses planches.

93. **Musset** (A. de). Premières poésies. — Comédies et

proverbes. — Confessions d'un enfant du siècle. — Nouvelles. *Paris, Charpentier*, 1861. Ens. 5 vol. in-12, demi-rel. chag., dos orné.

94. **Nisard** (D.). Histoire de la littérature française. *Paris*, 1877. 4 vol. in-8, demi-rel. chag., tête dor., non rog.

95. **Nolhac** (Pierre de). Louis XV et Madame de Pompadour. *Paris, Goupil*, 1903. in-4 br. — Frontispice en couleurs : planches imprimées en camaïeu.

96. **Normandie monumentale et pittoresque.** *Le Havre*. 1893-1896. I. *Caen*. II. *Rouen*. III. Le Mont Saint-Michel, 3 vol. in-fol. Planches. Cart. de l'éditeur.

97. **Nordenskiold** (A. E.). Voyage de La Vega autour de l'Asie et de l'Europe, ouvrage traduit du Suédois par Ch. Rabot et Ch. Lallemand. *Paris, Hachette*, 1885, in-4, 2 vol., demi-rel. chag., coins, filets, tr. dor. Nombreuses figures et cartes.

98. **Notor** (G.). La femme dans l'antiquité grecque. *Paris, Renouard*, 1901, in-4, br. — Préface de M. Eugène Müntz. 33 reproductions en couleurs et 320 dessins d'après les documents des musées et collections privées.

99. **Mantz** (Paul). Les chefs-d'œuvre de la peinture italienne. *Paris Didot*, 1870, in-fol., demi-rel. mar. rouge, tête dor. — Nombreuses gravures et planches coloriées.

100. **Pascal.** Pensées sur la Religion. *Paris*, 1715, in-12, rel. veau ant.
[Donné en prix par le collège Mazarin (aux Armes)].

101. **Prost** (Bernard). Traité de la forme et devis comme on fait les tournois, par Olivier de La Marche, etc. *Paris*, 1878. 1 vol. in-8, cart. non rog. — Planches coloriées au pinceau et rehaussées d'or.

102. **Privat d'Anglemont** (A.). Paris inconnu, avec une étude sur la vie de l'auteur par A. Delvau. *Paris*,

1886. In-8, demi-rel. chag. tête dorée, non rogné. —
Illustré de 63 dessins à la plume par F. Coindre.

103. **Rabault** (I.-P.). Précis historique de la Révolution
française. *Paris*, 1792, in-12, rel. mar. rouge, jans.
tr. dor.

104. **Racine.** Bajazet. Mithridate. *Amsterdam*, 1698, 2 vol.
in-16, rel. mar. bl. dent. tr. dor.

105. **Racine** (Jean). OEuvres complètes. *Paris, Lemerre*,
5 vol. in-12, fig., demi-rel. mar. rouge, coins, tête dor.
non rog.

106. **Ravalet** (Armand). Le Bienheureux J.-B. de La Salle.
Tours, Mame, 1888, gr. in-8, cart., tr. dor. — Nombreuses illustrations.

107. **Reclus** (Onésime). La Terre à vol d'oiseau. *Paris*, 1886,
gr. in-8, demi-rel. chag. rouge, coins, tête dor. —
Nombreuses gravures et cartes.

108. **Renan** (Ernest). Histoire du peuple d'Israël. *Paris*,
1887-1894, 5 vol. in-8, br. — Etudes d'histoire religieuse. — Essais de morale et critique. — Origine du
langage. — Réforme intellectuelle et morale. — Mélanges d'histoires et de voyages. *Paris*, 1858 et suiv.
5 vol. in-8, demi-rel. chag. — Origines du Christianisme. — Vie de Jésus. Les apôtres. — Saint Paul.
— Les Evangiles. *Paris*, 1863 et suiv. 7 vol. in-8, demi-
rel. chag. tête jasp. Ens. 17 vol.

109. **Retz.** Mémoires du cardinal de Retz, publiées par
Champollion-Figeac. *Paris*, 1873, 4 vol. in-12, demi-
rel. mar.

110. **Robida.** La vieille France : La Touraine. *Paris*, s. d.
in-4. Planches, cart. de l'éditeur, tr. dor.

111. **Romances** historiques, tendres et burlesques, avec les
airs notés. *Paris*, 1767-1774, 2 vol. in-8, frontispices
gravés, demi-rel. mar. bleu, dos orné, coins, filets.

112. **Rothschild** (Baronne Nathaniel de). Huit aquarelles gravées à l'eau forte par Th. Chauvet, Léon Gaucher e et Daniel Mordant. *Paris, Rouam,* s. d., 8 planch e tirées sur vélin, montées sur carton, le tout enfermé dans un cartonnage. — Une rue à Dinan. — Vieil le maisons à Vitré. — A Scafati, etc.

113. **Rothschild** (A. de). Histoire de la poste aux lettres et du timbre-poste depuis leurs origines jusqu'à nos jours. *Paris,* 1879, in-8. — Vignettes de Bertall, demi-rel. chag., tête dor. non rogné.

114. **Rousset** (Camille). Histoire de Louvois et de son administration politique et militaire jusqu'à la paix de Nimègue. *Paris, Didier,* 1862-64, 4 vol. in-8, demi-rel. chag.

115. **Rubens.** Sa vie et ses œuvres. *Paris.* s. d., in-fol. demi-rel. chag. tête dor. Eaux fortes et gravures.

116. **Saint-Lambert.** Poésies. *Paris, De Bure,* 1826, in-16, rel. romantique, tr. dor.

117. **Saint-Simon.** Mémoires complets et authentiques du duc de Saint-Simon. *Paris, Delloye,* 1840-41, 40 tomes en 20 vol. in-8 dem.-rel. veau, portraits.

118. **Sainte-Beuve.** Port-Royal. *Paris,* 1840-1860, 5 vol. in-12, dem.-rel. chag. dos orné. — Portraits contemporains. — Portraits littéraires. — Étude sur Virgile. — Châteaubriand. *Paris, Michel Lévy.* 11. vol. in-12 dem.-rel. chag. rouge, jans. tr. jasp. — Nouveaux lundis. *Paris,* 1870, 13 vol. in-12 dem.-rel. chag. rouge, jans. tr. jasp. — Causeries du lundi. *Paris, Garnier,* 1851-1862, 15 vol. in-12 cart. — Lettres à la princesse. — Proudhon. — Souvenirs et indiscrétions. *Paris, Lévy,* 1872-73, 3 vol. in-8 dem.-rel. chag. — Correspondance. — Lettres à la princesse. — M. de Talleyrand. — Chronique parisienne. — Portraits de femmes. 7 vol. in-12 dem.-rel. chag. jans. tr. jasp. — Poésies complètes. *Paris, Lemerre,* 1879, 2 vol. in-12 dem. rel. chag. bleu jans. tête dor. non rog.

portr. — Poésies complètes, 1845. — Volupté, 1855.
— Mme Desbordes-Valmore, 1878. — Le général Jo-
mini, 1880. 4 vol. in-12 dem.-rel. chag. Ens. 60 vol.

119. **Scarron.** Œuvres. *Amsterdam*, 1712, 6 vol. in-12, rel.
mar. bleu dent., tr. jasp.
Joli exemplaire.

120 **Scarron.** Le Roman comique. *Paris, Jouaust*, 1880,
3 vol. in-8 dem.-rel. mar., vert, coins. — Eaux fortes
de Flameng.

121. **Senecœ** (L. Annei) et aliorum Tragœdiæ. *Amsterdam*,
1624, in-16 rel. mar. (rel. anc.)

122. **Shakespeare.** Œuvres complètes traduites par Victor
Hugo. *Paris, Lemerre*, 16 vol. in-12 br.

123. **Sorel** (Albert). L'Europe et la Révolution française.
Paris, 1885-1891, 3 vol. in-8 br.

124. **Stoffel** (le colonel). Histoire de Jules César, guerre
civile. *Paris, Imp. nationale*, 1887, 2 vol. in-4, br.

125. **Sully-Prudhomme.** Poésie. *Paris, Lemerre*, 1877, 3 vol.
in-12, dem.-rel. chag. tête dor.

126. **Sybel** (H. de). Histoire de l'Europe pendant la Révolution française. *Paris*, 1869-1888, 6 vol. in-8 br. —
Ouvrage traduit de l'allemand par Mlle Marie Bosquet.

126 *bis*. **Tableau de la Croix,** représenté dans les cérémo-
nies de la messe, le tout enrichi de belles figures.
A Paris, chez Mazot, 1651, in-12, rel. mar. rouge,
filets, fleurons, tr. dorées, vol. entièrement gravé.

127. **Taine** (H.). Les origines de la France contemporaine,
Paris, 1893, 2 vol. in-8 br. — Histoire de la littérature anglaise, *Paris, Hachette*, 1863-64, 4 vol. in-8,
dem.-rel. chag. Ens. 6 vol.

128. **Thiers.** Histoire du Consulat et de l'Empire, *Paris*,
1845-62, 20 vol. in-8 cart. — Histoire de la Révolution

française, *Paris*, *Lecointe*, 1828-29, 10 vol. in-8, dem.-
rel. chag. Ens. 30 vol.

129. **Thureau-Dangin**. Histoire de la Monarchie de juillet,
Paris, 1884-89, 5 vol. in-8, br.

130. **Tissot (Victor)**. La Russie et les Russes, impressions
de voyage. *Paris*, *Plon*, 1884, gr. in-8, dem.-rel. chag.
coins, tête dor. non rogné. — Nombreuses illustrations. — La Hongrie, de l'Adriatique au Danube. *Paris*, *Plon*, 1885, gr. in-8, dem.-rel. chag. filets, dos
orné, tête dor. non rog. — Nombreuses illustrations. Ens. 2 vol.

131. **Trésor de Boscoreal**. Recueil de 27 planches gravées
dans un carton.

132. **Vaulabelle (Ach. de)**. Histoire de deux Restaurations,
1813-1830. *Paris*, 1858, 8 vol. in-8, dem.-rel. chag.

133. **Vigny (Alfred de)**. Journal d'un poète. — Poésies. —
Stello. — Théâtre. — Cinq Mars, Servitude et gran-
deur militaire, *Paris*, 1867, 6 vol. in-12, rel. chag., tête
dor. non rog.

134. **Villemain**. OEuvres diverses. *Paris*, *Didier*, 1858 et
suiv. — Littérature contemporaine. — Etrangère. —
Etude d'histoire. — Eloquence chrétienne. — Littérature du moyen âge, du XVIIIe siècle. Ensemble 14 vol.
in-8, dem.-rel. mar. bleu.

135 **Vecellio (Cesare)**. Costumes anciens et modernes, pré-
cédés d'un essai sur la gravure sur bois. *Paris*, *Didot*,
1860, 2 vol. in-8, rel. chag. rouge, dos orné tr. dor.,
nombr. fig.

136. **Virgile**. Publii Virgilii Maronis, Bucolica, Georgica et
Aeneis. *Paris*. *Didot*, 1791, in-fol., demi-rel. chag.
rouge, coins, tête dor., non rog. — Édition illus-
trée de gravures d'après Gérard et Girodet. — OEuvres.
Amsterdam ex officina Elzeviriana, 1676, in-16.
Rel. mar. anc. (aux armes de *Rochechouart-Morte-*

marl), front. — Poésies. *Paris, Didot,* 1858, in-12, rel. mar. dent., tr. dor., fleurons (*Smeers*).

137. **Vidieu** (abbé). Sainte Geneviève, patronne de Paris, et son influence sur les destinées de la France. *Paris, Didot,* 1884, 1 vol. gr. in-8, demi-rel. mar., coins, tête dorée, non rog. — Nombreuses illustrations.

138. **Voltaire.** Œuvres complètes. *Paris,* 1830, 54 vol. in-8, demi-rel. bas. — La Pucelle d'Orléans. *A Conculix,* s. d , in-32, rel. mar. anc.

139. **Wallon** (H.). La Révolution du 31 mai et le fédéralisme en 1793, ou la France vaincue par la Commune de Paris. *Paris,* 1886, 2 vol. in-8 br. — Jeanne d'Arc. *Paris, Didot,* 1876, gr. in 8, cart. de l'éditeur, tr. dor. — Édition illustrée, pl. en couleurs. Ens. 3 vol.

140. **Walter Scott.** Œuvres, traduction Defauconpret. *Paris, Furne,* 1856, 25 vol. in-8, figures, demi-rel. veau.

141. **Werner** (Charles). Le Nil, vingt-quatre aquarelles d'après nature ; texte par E. Brehm et J. Dumichen. *Paris, Lévy,* 1882, in-fol., — Planches coloriées, cart. de l'éditeur, tr. dorées.

142. **Wey** (Francis). Rome, description et souvenirs. *Paris, Hachette,* 1875, in-4, rel de l'éditeur. Nombreuses gravures sur bois, tr. dorées.

143. **Witt** (Mme de). Les chroniques de Froissart, édition abrégée et texte rapproché du français moderne. *Paris, Hachette,* 1881, gr. in-8. — Planches, demi-rel. chag. rouge, coins, tête dor.

144. **Wyse** (Lucien N. B.). Le canal de Panama, l'isthme américain, exploration. *Paris, Hachette,* 1886, gr. in-8. — Planches, dem. rel. chag., coins, tête dor., non rog.

145. **Yriarte.** (Ch.). Un condottiere au xv° siècle : Rimini. Études sur les lettres et les arts à la cour des Malatesta. *Paris,* 1882, gr. in-8, planches, rel. de l'éditeur,

tête dorée. non rog. — Venise, histoire, art, indus-
trie, etc., *Paris*, 1878, in-fol., demi-rel. mar. bleu,
tête dor. Nombreuses gravures et pl. en couleurs. —
Florence, l'histoire, les Médicis, les lettres, les arts.
Paris, 1887, in-fol., planches, cart. de l'éditeur, tr.
dor. Ens. 3 vol.

146. **Zola** (Emile). Le Ventre de Paris, 1879. — Naïs Micou-
lin,1884. — La Bête humaine, 1890. 3 vol. in-12, dem.
chag. — Œuvres diverses. *Paris, Charpentier*, 16 vol.
in-12, dem.-rel., chag., dos orné. — Thérèse Raquin.
— La joie de vivre. — Nana. — La Terre. — Pot
Bouille. — Le Rêve, etc. Ens. 19 vol.

IMPRIMERIE DE J. DUMOULIN, A PARIS